PROPOSITION D'EMPRUNT

à 2 1/2 O/O

PAYANT LA RANÇON EN OR

C'est une chose singulière et qu'on n'a point encore faite ; mais quand une chose singulière est bonne en elle-même, il ne faut pas la rejeter pour la singularité — qui devient elle-même une raison de succès.

(MONTESQUIEU, *Esprit des Lois.*)

PÉTITION

PARIS

IMPRIMERIE CENTRALE DES CHEMINS DE FER

A. CHAIX ET Cie

RUE BERGÈRE, 20, PRÈS DU BOULEVARD MONTMARTRE.

1872

PROGRAMME

PRÉFACE.

PÉTITION

POUR UN EMPRUNT A 2 1/2 0/0

PAYANT LA RANÇON EN OR.

A Monsieur le Président de la République,
A Messieurs les Membres du Conseil des Ministres,
A Messieurs les Membres de l'Assemblée Nationale,
A Messieurs les Membres de la Commission du Budget.

PRÉFACE.

Messieurs,

Permettez-moi de soumettre à votre attentive sollicitude l'**exposé** ci-après. Ce n'est point exclusivement une **Pétition** ; en raison de la gravité que comportent mes propositions et mes demandes, il fallait une certaine déclaration de principes, quelque critique, une preuve suffisante de connaissances théoriques et pratiques, la réclamation d'une grande **enquête,** enfin la justification d'un **Contrat.** J'avais cependant un double écueil à éviter : être défavorablement jugé sur une communication trop concise, ou fatiguer trop longuement votre attention. Une sorte d'instinct, la nécessité d'être clair et l'avantage d'une méthode m'engagent donc à diviser mon Mémoire en **chapitres** dont les titres suffisent, en jetant un coup d'œil sur le **programme** de la page 2, pour que chacun puisse prendre à son gré, soit un aperçu sommaire, soit une connaissance plus ou moins complète de mon sujet.

AVIS. — **Il suffit de lire onze pages, celles 21 à 29 et 32 à 33, pour avoir la connaissance de mes propositions.**

PRÉLIMINAIRES.

Messieurs,

Me méfiant de mes forces et de mon défaut d'autorité, j'ai l'honneur de me présenter à vous avec des références et des recommandations plus éloquentes que moi; et je vous faire dire :

La gravité de mes offres, par le marquis de Montesquiou;

Les vices du papier-monnaie, par M. Thiers;

Les défauts de la Banque de France, par Mirabeau;

Mes obstacles, par Sieyes et par Boisguillebert.

Je dirai moi-même quelques mots de ces obstacles ;

J'établirai mes **Droits d'Auteur**;

Après quoi, je développerai ma **Pétition.**

LA GRAVITÉ DE MES OFFRES.

« Après avoir assuré une heureuse constitution à l'Empire français, mal-
» gré toutes les résistances, malgré tous les orages qu'ont fait naître les
» ennemis de la liberté, il ne vous reste plus qu'à *relever la fortune publique,*
» sans laquelle les peuples ne jouiraient pas du grand bienfait qu'ils
» tiendront de vous.
» La confusion que nous avons vu régner dans les finances ne doit
» plus être le sujet de nos regrets, puisque, sans des besoins extraordi-
» naires, nous aurions gémi, pendant plusieurs siècles encore, sous le
» joug du pouvoir arbitraire. Mais ainsi que leur désordre a fait périr
» le despotisme, il ferait bientôt périr la liberté. *Peut-être les maux dont*

» nous nous plaignons encore tiennent-ils, en grande partie, à la sourde inquié-
» tude, à cette inquiétude vague que l'avenir inspire à chaque citoyen. Le peuple
» est depuis longtemps écrasé sous le poids des impôts. Il craint encore de
» recevoir une charge nouvelle. Il sait qu'une dette prodigieuse a été reconnue
» par ses représentants, et il n'applaudira à la loyauté des dépositaires de sa
» confiance que lorsqu'il n'aura plus à craindre d'en être la victime.

» Il faut donc promptement entreprendre et consommer ce grand ouvrage ;
» et pour y parvenir, il ne s'agit plus de combiner les petites ressources de
» la fiscalité et de l'agiotage, pour varier les impôts et pour solliciter
» la cupidité. Ces talents si recommandés, et regardés depuis si longtemps
» comme recommandables, ne feront plus fortune parmi nous. Ils sont
» finis, ces jours de notre enfance. C'est d'un plan général, d'un plan
» régénérateur que nous avons besoin. Tous les bons esprits seront en état
» de le juger, si des moyens simples sont présentés dans un langage intelli-
» gible.

» Mais avant d'adopter aucun système, il faut distinguer nettement nos
» dettes constituées, et celles auxquelles nous oserons donner la dénomi-
» nation bien vulgaire, bien triviale, mais très-expressive de dettes criardes.

» Réduire et déterminer les dépenses, assurer l'acquittement et l'extinction
» des dettes constituées, rembourser les dettes criardes et en même temps
» soulager les peuples : voilà quels sont nos devoirs.

» Les dettes auxquelles nous donnons ici le nom de dettes criardes, ont été
» dans tous les temps et sont encore le plus grand obstacle à toute régéné-
» ration.... Le point de vue le plus favorable auquel on pût les présenter,
» serait celui d'un emprunt ; mais cet emprunt est forcé, il est sans intérêt,
» et, pour trancher le mot, c'est une véritable violation de la foi publique, que
» la seule nécessité peut excuser, comme tant d'autres. Il est donc de la
» dignité et de la loyauté nationale de faire cesser cette injustice.

» ...Pour se résoudre à supporter plus longtemps de semblables entraves il
» faudrait qu'il fût impossible de s'en délivrer, et cette impossibilité n'est pas
» démontrée.

» ...Arbitres des destinées de ce grand Empire, pourquoi renverriez-vous
» à des temps éloignés un nouvel ordre de choses que toute la nation désire,
» et pour lequel il faut si peu de combinaisons préliminaires ?

» Vous pouvez dire : tel jour l'ordre immuable sera établi, tel jour il
» ne sera plus permis d'être inquiet de la fortune publique. Si vous
» adoptez ce plan, il ne faut pour son exécution qu'un très-petit nombre
» de décrets, et la Nation, attentive à tout ce que vous faites pour
» elle, n'aura bientôt plus d'autre sentiment que celui de la recon-

» naissance. » (Le marquis de Montesquiou-Fezensac, *au nom du Comité des Finances*, à l'Assemblée nationale, 18 novembre 1789. *Moniteur*, p. 371.)

« Le bonheur ou le malheur d'un État dépend de là. Une seule résolu-
» tion prise contre les bons principes fait plus de tort que la perte d'une
» bataille. » (Law, *Lettres sur les Banques.*)

« *Je vous en supplie, si vous voulez avoir la reconnaissance du pays tout entier,*
» *créez des moyens sérieux, des moyens solides ;* il en est de la politique comme
» de la médecine : on ne sauve pas la vie comme on veut au malade, et *on*
» *ne crée pas des finances avec une planche soigneusement gravée et qu'on applique*
» *tous les jours sur du papier* ». (M. Thiers, *Moniteur.* 1848, p. 2787.)

LES VICES DU PAPIER-MONNAIE.

« *Je me serais considéré comme coupable,* si je n'étais pas venu vous dire,
» en toute sincérité, en toute conviction, ce que je pense d'une question
» *qui me semble l'une des plus graves qui puissent être soumises à votre juge-*
» *ment.* Je n'aime pas les exagérations, je n'en ai pas le goût ; mais j'espère
» justifier toute l'énergie des expressions que je viens d'employer ici.
» Je n'ai pas l'habitude de dénigrer la Révolution française ; je me suis
» appliqué à la relever quand ses ennemis triomphants s'appliquaient à la
» calomnier. (*C'est vrai.*) Il n'en est pas moins resté vrai qu'avec l'immensité
» du bien qu'elle a fait à la France et au monde, deux souvenirs terribles
» pèsent sur sa mémoire : c'est l'échafaud et le papier-monnaie. (Très-bien.)
» Toutes les fois que ces sinistres souvenirs se rappellent à votre mémoire,
» il y a un élan des cœurs, un élan que j'honore, pour repousser toute
» assimilation entre le temps présent et le temps d'alors. (Sensation.)
» Eh bien, tandis qu'on s'applique à flétrir le souvenir de l'échafaud,
» quand il s'agit du papier-monnaie, *des hommes très-sages, très-amis de*
» *l'ordre,* le regardent comme une des imitations possibles de la Révolution
» française. Cela prouve une chose, c'est que nos cœurs ont fait plus de
» progrès *que nos esprits ;* que nos sentiments se sont améliorés, *mais qu'en*
» *fait d'économie sociale, nous n'en savons pas plus que nous n'en savions il y a*
» *un siècle !*
» Cependant l'expérience de la Révolution française, et non-seulement de
» la Révolution française, mais d'une quantité de temps et de pays où la
» même chose a été tentée, devrait nous éclairer.

» Si je pouvais citer quelques passages de l'histoire que j'ai écrite sur la
» Révolution française, qui sont relatifs au papier-monnaie, vous y auriez
» vu cette pensée bien distincte que, comme moyen politique, les assignats
» avaient été indispensables, mais que, comme mesure financière, c'était
» une *détestable mesure.*

» Pour le présent, *il faut d'abord examiner la nature du mal auquel on veut*
» *pourvoir; il faudra examiner ensuite les divers remèdes possibles.* (Page 2784
» du *Moniteur*, 1848.)

·» Je vais vous dire une chose qui vous paraîtra peut-être bien étrange,
» mais qui est bien vraie. *Les banques d'escompte ne multiplient pas les capitaux.*
» Ce ne sont pas là les services qu'elles rendent à la société. *Si elles veulent*
» *créer des capitaux* en émettant du papier outre mesure, *elles font naître*
» *des crises... mais créer des capitaux, c'est un mensonge... c'est une chimère...*
» La fantasmagorie de la création des valeurs, c'est une grande erreur que
» vous avez devant vous ici, et c'est pour cela que je l'attaque corps à corps.
» Notre ennemi le plus dangereux, c'est cette illusion qui persuade à tant de
» gens qu'on peut créer des valeurs ; *mais, je le répéterai sans cesse, les*
» *banques ne créent pas de valeurs.* (Page 2786.)

» Pour ma part, j'ai une aversion *insurmontable* pour les illusions, et
» toutes les citations qu'on fera de l'histoire que j'ai écrite ne me mettront
» pas en contradiction avec ce que je dis ; j'ai, en fait de gouvernement
» comme en toutes choses, une aversion insurmontable pour les *illusions,*
» parce que c'est la perte de tous les gouvernements qui s'y livrent. Les
» illusions, chez les gouvernements, sont aussi sottes, mais cent fois plus
» dangereuses que les illusions des fils de famille qui, en signant du papier,
» sans songer qu'ils s'obèrent, qu'ils se perdent, s'imaginent qu'ils sont
» riches. *Les illusions, en fait de gouvernement, font la perdition du pays. J'ai*
» *passé ma vie à combattre les illusions ; je passerai ma vie à les combattre*
» *toujours, sous quelque forme qu'elles se présentent.* Eh bien, *l'illusion du papier-*
» *monnaie* peut se présenter sous trois formes : *il doit être toujours repoussé,*
» *il n'est digne d'estime sous aucune de ces formes.*

» J'ai vu les hommes les plus raisonnables, les meilleurs, les mieux inten-
» tionnés, commettre des erreurs dont les conséquences méritent le titre
» d'*exécrables !*

» Créer le papier-monnaie qui ne présente pas la garantie d'être rem-
» boursable en métal, c'est là qu'on approche de l'*extravagance !*

» Venir un jour, quand on est embarrassé, créer tout d'un coup deux, trois
» milliards de papier : c'est cette façon que j'appelle **exécrable !**

» Vous dites que le numéraire manque *et que c'est parce qu'il manque que*
» *vous voulez le remplacer? quoi! vous en êtes là* de la science que vous mépri-
» sez tant, de l'économie politique ; *vous en êtes à croire que le numéraire peut*
» *ainsi manquer impunément dans un pays !*

» Eh bien ! en Angleterre et en Amérique, il y a eu des exemples nom-
» breux d'insuffisance accidentelle de numéraire, parce que la propriété
» particulière de ce papier que vous voulez créer *pour remplacer le numéraire,*
» c'est de faire fuir le véritable numéraire, comme les méchants font fuir
» les bons. (Hilarité générale et prolongée.)

... Et voici ce qui est arrivé : *comme aucun pays ne peut se passer de l'ar-*
» *gent indispensable* de tous les échanges, de toutes les transactions, il est
» dans la nature des choses de l'attirer violemment, et voici par quel moyen :
» *les marchandises du pays se vendent au dehors à perte, elles baissent, elles*
» *baissent* jusqu'à ce qu'elles aient attiré le numéraire dont on a besoin...
» d'après les enquêtes du parlement anglais.., **il en a coûté quelquefois**
» **des milliards en perte sur les marchandises pour rappeler ce**
» **numéraire... Je vous défie de me trouver un exemple contraire**
» **dans l'histoire commerciale d'aucun pays. Ce sont les marchan-**
» **dises qui en font les frais ; c'est le commerce national qui, en**
» **vendant à perte dans les marchés, rappelle le numéraire.**

» Quels seraient les résultats ? Deux résultats effroyables pour les parti-
» culiers et pour l'État.

» Pour les particuliers... une véritable spoliation.

» On a prononcé quelquefois, à l'occasion de la propriété, des mots bien
» durs, le mot de *vol* ! Eh bien, le papier-monnaie, savez-vous ce que c'est ?
» **C'est le vol ! le vol par la Loi ! !**

» Cela est d'une évidence telle que je suis honteux d'être obligé de le dire
» et que je n'insiste pas.

» Les finances de l'État embarrassées sont pour moi des souffrances
» cruelles... **vous ruineriez l'État** ! (Mouvement prolongé.)

» Il n'y a pas d'exemple que l'émission subite d'un papier-mon-
» naie n'ait amené les déperditions dont je vous parle ici ; il n'y
» a pas d'exemple qu'un État n'ait été entraîné à l'instant par la
» déperdition de ses recettes, qui se ressentaient de l'avilisse-
» ment du papier, et ne se soit trouvé embarrassé.

» Et voulez-vous savoir *le motif des émissions illimitées ?* Vous le cherchez
» dans l'incurie, dans l'étourderie de l'État : eh bien ! pas du tout ; *c'est dans*
» *la nécessité même.*

» La Convention, dans son système d'assignats, qui était une nécessité poli-

» tique, car c'était le secret trouvé pour mettre en valeur les biens des
» émigrés et du clergé, mais qui, *comme moyen financier, était détestable,* la
» Convention, *la guerre étant aux portes,* les finances étant réduites à l'im-
» puissance, pouvait du moins recourir à ce moyen de papier-monnaie. On
» *préparait, il est vrai, la banqueroute, on vivait au jour le jour,* mais on vivait
» dans le moment dangereux, *celui où il fallait repousser l'ennemi.* C'est · ainsi
» que quelquefois on brûle des maisons et des quartiers pour sauver une ville
» et *repousser l'ennemi. C'était une fatale nécessité* à laquelle on était soumis
» alors.

» Quand cela a été fait *comme nécessité politique,* l'histoire, qui doit être
» *indulgente,* qui doit tenir compte des difficultés, doit y apporter *quelques*
» *excuses;* mais quand l'expérience en a été faite, quand on est dans un
» temps de calme comme aujourd'hui, quand nous avons encore, malgré le
» trouble qui est dans les esprits, *assez de liberté de jugement pour apprécier*
» *ce qu'on nous propose,* venir ici proposer le papier-monnaie sans que rien
» puisse l'excuser, sans que rien puisse le justifier, *sans qu'il offre la moindre*
» *ressource à l'Etat,* c'est ce qui m'a arraché le mot peut-être un peu dur,
» mais que je crois justifié, d'**exécrable!** (Vive approbation sur presque tous
» les bancs. — **M. Thiers,** en descendant de la tribune, reçoit les félicita-
» tions d'un grand nombre de ses collègues.) » (P. 2787, *Moniteur,* 1848.)

DÉFAUTS DE LA BANQUE DE FRANCE.

« Pour que nous puissions retirer quelque avantage des billets que la
» Banque nationale nous prêterait sur notre timbre, il faudrait évidemment
» qu'elle pût attacher à ces billets l'opinion *qu'ils seront* payés à présentation.
» Est-ce là ce que M. le Ministre des finances nous promet ? — Non. *Une*
» *fois altérés dans leur essence, une fois incapables d'être échangés à l'instant contre*
» *l'argent effectif* qu'ils représentent, *il est impossible* que leur discrédit ne
» s'accroisse sans cesse; et dès lors, quel avantage nous dédommagerait de
» ce malheur ? *Qui nous rassurerait contre les pertes obscures et journalières*
» *qu'un tel accident nous occasionne ?*

» *Il faudrait changer les lois éternelles de la nature des choses* pour que les
» arrêts de surséance (cours forcé) n'eussent pas enfin le fâcheux effet de

» nous ravir nos métaux. Ces arrêts sont une cause légitime du plus grand
» discrédit, et le discrédit détruit bientôt les rapports avantageux qu'un
» État peut avoir avec les autres.

» Et les stoïques administrateurs de notre Caisse d'escompte voient tran-
» quillement exporter nos écus hors du royaume !

» J'ignore combien de temps encore notre commerce pourra supporter
» d'aussi lourdes bévues ; mais lors même qu'il y résisterait longtemps,
» faudrait-il que, pour le seul bénéfice des actionnaires de la Caisse
» d'escompte, il s'établît un change avec l'étranger, ruineux pour la nation
» entière ? Un change qui, en la dépouillant de son numéraire, attaque son
» industrie et lui renchérit celle des étrangers?

» Qu'est-ce qui fait le crédit des billets de Banque? La certitude qu'ils
» seront payés en argent à première présentation ; toute autre doctrine est
» trompeuse.

» Je propose de ramener dès à présent aux *principes de la foi publique* un
» établissement *que son influence sur le crédit devait toujours maintenir dans*
» *l'ordre.*

» Le Gouvernement *n'a pu autoriser* la Caisse d'escompte à violer ses enga-
» gements. *Ce pouvoir ne lui appartient sous aucun rapport.* Les gouvernements
» ne sont nécessaires qu'autant qu'ils maintiennent les propriétés légitimes,
» c'est le but unique de leur institution. Les créanciers de la Caisse d'es-
» compte, *les porteurs de ses billets pourraient seuls lui permettre d'en surseoir*
» *le paiement,* s'ils trouvaient que cette surséance convînt à leurs intérêts.

» En n'allant pas au devant de leurs inquiétudes, l'autorité s'est compro-
» mise.

» *Le souverain ne peut pas, d'une main, faire exécuter les engagements des*
» *particuliers et de l'autre briser les liens qu'il a contractés avec ceux qui se sont*
» *fiés à sa parole.*

» *La foi publique recevrait une atteinte,* si le Gouvernement protégeait la
» rupture des engagements d'un simple particulier; *combien cette atteinte*
» *n'est-elle pas plus forte, lorsqu'il s'agit de la banqueroute d'une Société qui*
» *transgresse ses propres lois,* qui franchit toutes limites et qui cependant nous
» fait regarder jusqu'à présent son crédit comme celui de la nation même !

» *Recevoir et ne pas payer ;* songer au profit de ses actionnaires, et mépriser
» ses créanciers, telle est la pratique de cette Caisse, telle est sa doctrine en
» fait de crédit.

» Il ne restait plus qu'à ennoblir cette savante manœuvre; l'Assemblée
» des actionnaires l'a qualifiée dans ses registres de *zèle pour la chose*
» *publique !*

» Que ne devons-nous pas attendre de leur habileté, quand on voit la
» Caisse, réfractaire à ses engagements, forçant le crédit au lieu de l'obte-
» nir, songer néanmoins à se faire auprès du Gouvernement *le mérite* de lui
» prêter une somme considérable *sans l'aveu des créanciers* de la Caisse et en
» rejetant sur le public le risque de ce prêt vraiment audacieux pour qui-
» conque tient encore à quelque décence?

« Certes! cette ironie est trop longue et trop déplacée. Ah! cessez de
» parler de ces services! C'est par eux que notre foi publique a été violée ;
» c'est par ces prétendus services que toutes nos affaires d'argent sont bou-
» leversées. Non, ne parlez pas de ces services !

» *Comme s'il y avait de la générosité à* répandre des billets, à les prêter
» même... *quand on se dispense de les payer !*

» Les Caisses d'escompte sont au service de ceux qui les paient : voilà la
» vérité ; et c'est manquer à cette Assemblée que de lui parler de reconnais-
» sance pour des services qui sont aux ordres de tout le monde...

» Non, ne parlez pas de ces services. » (MIRABEAU, *Discussion du plan financier de Necker.*)

MES OBSTACLES.

« Je sais que de pareils principes vont paraître extravagants à la plupart
» des lecteurs. Mais, dans presque tous les ordres de *préjugés*, si des écrivains
» n'avaient consenti à passer pour *fous*, le monde en serait moins *sage*. La
» vérité ne s'inspire que lentement dans une masse aussi grande que l'est
» une nation. Ne faut-il pas laisser aux hommes qu'elle gêne le temps de
» s'y accoutumer, aux jeunes gens qui la reçoivent avidement le temps de
» devenir quelque chose, et aux vieillards celui de n'être plus rien? En un
» mot, veut-on attendre, pour semer, le temps de la récolte? Il n'y en
» aurait jamais ». (SIEYES : *Qu'est-ce que le tiers-état?* chap. VI.)

« Que l'on suspende un peu l'idée de ridicule et d'extravagance que peut
» jeter une pareille proposition dans l'esprit d'une infinité de monde; que
» l'on songe que le grand saint Augustin et Lactance, célèbres auteurs,
» n'ont pas acquis bien de l'honneur à traiter de fou et d'insensé un évêque

» nommé Virgile, qui, de leur siècle, vint annoncer les antipodes.
» Christophe Colomb reçut le même traitement en presque toutes les cours
» de l'Europe, avant que d'être écouté et aidé par quelque particulier en
» Espagne. Copernic fut menacé du feu par toute la Théologie, sur l'expo-
» sition de son système. L'auteur de cette proposition veut bien passer pour
» un extravagant lui-même, si on peut lui faire aucune objection, pourvu
» qu'elle soit mise par écrit, qui ne soit pas une extravagance.
　　» Ce préambule posé, que l'on a cru nécessaire pour qu'on ne fît pas un
» procès à l'auteur sur la forme d'un ouvrage dont le fond est inattaquable,
» on va entrer en matière, déclarant que l'on a un très-grand respect pour
» les personnes que l'on va montrer avoir toujours erré en fait ; ce qui ne
» préjudicie en rien à leur intégrité, de laquelle on est très-convaincu, — et
» qu'on se serait même servi d'expressions plus douces, si on avait cru le
» pouvoir faire, sans trahir la cause des peuples qu'on a entrepris de
» défendre. La justice même oblige de dire que, bien loin que MM. les
» Ministres soient répréhensibles de s'être si fort mépris en fait, ils ne
» pouvaient sans miracle faire autrement, succédant à des sujets qui leur
» avaient montré de très-mauvais exemples et tracé des routes très-défec-
» tueuses, et bien loin d'être en état de s'en détourner, on peut dire que
» tout le monde conspirait à les y maintenir ». (Boisguillebert, *Factum de la
France*, p. 253.)

　　« Il paraîtra extraordinaire que je prétende condamner les principes par
» lesquels les États les mieux policés sont gouvernés et que je trouve à redire
» à la conduite des Ministres sur une matière si délicate : une personne qui
» donne toute son application à un même sujet, y peut faire un plus grand
» progrès qu'une autre d'un esprit supérieur, qui est obligée, par de grands
» emplois, à partager son temps entre plusieurs affaires différentes ». (Law,
Mémoire sur l'usage des Monnaies, p. 637.)

　　Messieurs,

　　Je n'ai pas eu le talent de découvrir les antipodes, le nouveau
monde ou un système céleste, ni d'inventer l'*Assemblée nationale*
et le *régime parlementaire* comme Sieyès, ni d'être un Christophe
Colomb de l'économie politique comme Boisguillebert. Mais je me
crois sûr, d'après les déclarations d'hommes très-compétents, d'avoir

découvert le remède du système de Law, des assignats et de toute espèce de fausse monnaie, l'antipode de l'emprunt et l'*abolition du change international*. L'économie politique se modifie de temps à autre, et je désire inaugurer un principe de cette science à laquelle il est permis à quiconque d'apporter une idée. Je voudrais retourner l'axiome qui dit : Faites-moi de bonne politique et je vous ferai de bonnes finances. Je crois aussi exact d'affirmer que de bonnes finances feraient une bonne politique. La solution du problème social ne m'apparaît pas seulement dans la forme de gouvernement et la morale, mais très-essentiellement encore dans les *finances*. Je crois sincèrement que les gouvernements et les banques sont les premiers à apporter les perturbations les plus graves dans la fortune publique, et rien ne touche de plus près aux brûlantes questions de socialisme. Sans passion, il me semble qu'une facile réforme peut et doit survenir et alléger premièrement les impôts de 200 millions. Mais c'est dans un autre nouvel écrit que je soutiendrai, à propos du *change*, qu'un péché originel des Banques et de l'Etat produit ces perturbations. C'est à cette hauteur que je prétends placer les principes. Je me propose de montrer quels ravages exercent une altération continuelle des monnaies et le vieux système des emprunts; quelles pertes autrement grandes que le service des rentes et que la prime accidentelle de l'or sont continuellement infligées aux nations par les expédients et par la *régale* monétaire de la Banque et de l'État. J'espère indiquer le remède à côté du mal ; il me semble avoir bien trouvé le *spécifique*, et c'est avec cette pureté d'intention que je soulève le débat, en réclamant une grande Enquête comme firent Cobden et Ricardo.

Mais si je n'ai point à lutter contre le bûcher, ni contre ce pouvoir absolu où se brisèrent la carrière de Boisguillebert, de Fénelon et de Vauban ; si je n'ai point à redouter la disgrâce encourue au service de la vérité, par les auteurs du *Factum de la France*, du *Détail de la France*, du *Projet de la dîme royale*, je n'en ai pas moins à braver deux persécutions terribles en France : celle du ridicule et celle de l'inertie bureaucratique.

C'est pourquoi, Messieurs, vous venez de me voir emprunter quelques réflexions arrachées dans l'âpreté de la lutte à de vaillants champions. Car, je n'ai point à le dissimuler, je me présente à vous avec quelque amertume du peu de justice rendu à mes efforts, aux vérités bien simples que j'apporte ; et je croirais devoir prendre tous mes droits et moyens de légitime défense, si un grand bien ne résultait pas souvent d'un mal, si la propriété de mon œuvre n'avait pas été précisément établie avec plus d'éclat, par la résistance.

Je viens donc recourir à votre protection collective, pour triompher des obstacles. Je m'adresse à vous, confiant dans le mobile du bien public qui vous anime, confiant dans votre zèle pour la libération réelle du territoire, qu'on ne saurait invoquer en vain.

MES DROITS D'AUTEUR.

Il y a bien des mois que cette affaire se négocie : les premiers pourparlers remontent à juin 1871, sous les auspices d'un personnage officiel honorable et haut placé. D'après ce qui appert de mes correspondances, il me fut répondu que l'emprunt de deux milliards était prêt d'une autre façon et en me donnant l'avis bienveillant et anticipé du besoin d'un emprunt de la Ville de Paris.

J'entamai aussitôt des négociations avec M. le Préfet de la Seine par ma lettre du 9 juillet, à laquelle M. Léon Say s'empressa de répondre, le 12 juillet 1871, avec la plus grande courtoisie. Ces négociations se poursuivirent par écrit jusqu'au 4 septembre, date à laquelle je protestai avec une certaine vivacité, parce que l'emprunt paraissait sur le point de se conclure autrement que par mes propositions. J'eus l'honneur d'avoir plusieurs audiences de

M. le Préfet, empreintes d'une grande bienveillance ; mais M. Léon
Say opposait des fins de non-recevoir, malgré lesquelles je crus
devoir demander à M. le Préfet la permission de porter le débat
devant MM. les membres du Conseil municipal. M. le Préfet y
consentit par écrit.

Alors j'imprimai en circulaire notre correspondance et j'y
ajoutai un nouvel appel au Conseil municipal de Paris et une
demande d'intervenir à M. le Président de la République. Je motivais
ce recours par la considération que mon système s'étendrait à un
emprunt d'État de 3 ou 4 milliards. Cette circulaire, en date du
14 septembre, ne fut remise qu'à ses destinataires officiels.

Elle n'en marque pas moins une étape bien préméditée de
ma marche énergique vers une solution. M. le Préfet m'en exprima
quelque froissement ; mais une explication très-simple rétablit
aussitôt le meilleur accord. J'accueillis les raisons de M. le Préfet,
qui voulut bien me demander s'il mettrait en discussion ma mise
en demeure dans le sein du Conseil, ou si je me désistais ; je
répondis par un ajournement amiable à nouvelle occasion.

C'est alors que des pourparlers antérieurs auprès de M. le Chef
du cabinet du Ministère des Finances se résumèrent dans **ma
première lettre de demande d'audience et de propositions au
Ministre des Finances du 29 septembre 1871.**

Des conférences longues et répétées ont eu lieu pendant deux
mois, durant lesquels la discussion catégorique a été celle-ci :
« Je ne vous indique pas et je n'indiquerai pas à M. le Ministre,
» disais-je, le fond de ma combinaison : parce que vous savez, par
» témoin compétent, qu'elle est bonne ; parce que ce n'est point par
» méfiance personnelle que je garde mon secret, mais parce que
» vous représentez un public impersonnel et dont il m'est difficile
» d'avoir un engagement autrement qu'en disant d'abord à ce
» public : si M. Théryc apporte non-seulement le système, mais
» encore les fonds de 3 ou 4 milliards à 4 33 0/0 de l'emprunt
» effectif, si dans ces 4 33 0/0 il n'y a que 2 1/2 d'intérêt et que
» le reste serve à amortir le principal en 35 ans, y a-t-il lieu

» d'accorder, au nom du pays, la condition expresse que M. Théryc
» pose d'avance? Cette condition, c'est que M. Théryc ait la
» **concession provisoire** de l'emprunt. Si, après cet accord, la
» combinaison de M. Théryc n'est pas reconnue bonne, on n'aura
» aucunement compromis le crédit de l'État et il n'y aura rien
» de fait. Si elle est bonne, M. Théryc aura ses garanties par
» avance. »

*Au bout de ces deux mois de discussion, sur les instances formelles et les
promesses de M. Ruau, il fut convenu que je renouvellerais mes demandes
d'audiences à M. Pouyer-Quertier, en y annonçant que j'allais remettre à
M. le Ministre le fond de mes combinaisons, sous le sceau du secret. La forme
même de cette confidence fut très-longuement débattue en plusieurs conférences,
dans lesquelles je confiai à la parole d'honneur de M. le Chef du cabinet
l'explication verbale de mon système, sous toutes ses faces.*

Quelques légères objections s'évanouirent, et M. Ruau me
déclara que ce que j'avais de mieux à faire, c'était de confondre
tout mon exposé financier dans une rédaction pure et simple du
Contrat que je désirais prêt à être signé. Il était entendu que la
lettre et le contrat seraient aussitôt transmis à M. Pouyer-Quertier,
vis-à-vis duquel ce ne serait qu'une formalité, pour avoir l'audience
dont M. Ruau déclarait mes projets dignes. Il était entendu qu'il
valait mieux préciser ainsi par une note, qui s'impose toujours mieux
à l'attention, mes prétentions, mon système, les conditions
publiques et la préparation privée qu'il demande, afin d'arriver sur
un terrain bien préparé pour la discussion verbale.

C'est alors que je remis à M. le Chef du cabinet, moi-même
et en main propre, la chose en valant la peine, **ma lettre du
3 décembre demandant audience et annonçant** les conventions de
mon contrat à M. le Ministre, stipulant le secret, déclarant que la
confidence de l'opération financière elle-même s'adressait à l'homme

privé, pour l'édifier et pour lui faire accorder la promesse de contrat de l'homme officiel.

C'est encore alors que je remis moi-même et en main propre, à M. Ruau, la **rédaction du contrat en 24 articles,** confondue en un des exposés les plus nets qu'on puisse faire de semblables opérations, c'est-à-dire avec l'exposé tel qu'on le publierait pour un décret promulguant l'opération financière et les accords des contractants.

Voilà sous quelle forme nette et matérielle s'est traduit le résultat de deux mois de négociations suivies avec M. le Chef du Cabinet.

J'ai d'abord attaché peu d'importance ou du moins d'inconvénients aux retards et à l'oubli que l'honorable M. Ruau a mis à régulariser ses conventions verbales par les écrits qu'il m'avait promis, parce que j'ai, du reste, assez d'autres preuves.

J'ai d'abord une réponse indirecte de M. Ruau, qui a autorisé le personnage officiel dont j'ai déjà parlé à m'écrire : « Je viens » de voir M. Ruau, qui m'a promis : 1° de vous faire accuser » réception et de mettre votre projet à l'abri d'indiscrétions ; 2° de » trouver bon que vous fassiez à ce sujet toutes les démarches que » vous croirez de votre intérêt auprès de telles personnes qu'il vous » conviendra. »

Voilà pourquoi je pense que M. Ruau ne peut trouver mauvaise ma démarche actuelle.

Il y a cinq mois que j'ai eu des conférences avec les principaux journalistes de Paris, de mes amis, qui n'obéissent avec moi qu'à des convenances scrupuleuses, pour ne point créer au Gouvernement de critiques irritantes à ce sujet.

J'ai encore les attestations écrites du personnage officiel qui a présenté ma personne et recommandé mes propositions au Ministère des Finances et qui ne l'a fait qu'à bon escient.

J'ai pris pour témoins confidentiels jusqu'ici de la propriété de mon système un petit nombre de coïntéressés, avec lesquels une correspondance active et suivie a établi l'entière propriété, la conception, les diverses modifications et les perfectionnements possibles de mon système par moi-même.

Je me borne à établir, sans aucune espèce de commentaire, mes droits d'auteur, par ces simples indications.

PÉTITION

MOTIFS DE LA PÉTITION.

Messieurs,

J'ai l'honneur d'invoquer votre bienveillante intervention et votre décision souveraine, au sujet de négociations d'un Emprunt qui ont amené une situation délicate, ou pour mieux dire *interminable,* entre le Ministère des Finances et moi.

C'est pourquoi, Messieurs, je vous serais reconnaissant de vouloir bien encourager M. le Ministre des Finances à vous proposer cette affaire et l'inviter à vous exprimer son avis sur la considération qu'elle mérite.

J'ai la plus vive et sincère volonté de ne blesser aucune susceptibilité, ni aucune convenance, en vous sollicitant ainsi d'activer à mon égard la marche de l'Administration : je n'ignore pas qu'elle a fort à faire. Mais aussi n'est-ce qu'après avoir éprouvé de tous côtés ses lenteurs, après plus de sept mois de démarches incessamment atermoyées, que je me résous à témoigner une certaine impatience.

OBJET DE LA PÉTITION.

Le Ministère des Finances, ou du moins M. le Chef du Cabinet du Ministère des Finances, s'érige trop longtemps, à mon avis, en arbitre et en dépositaire exclusif de propositions importantes — qui, sont :

1° De faire réaliser un Emprunt de 3 milliards 700 millions de francs amortissable en trente-cinq ans, moyennant une annuité de 160 millions, qui représente

2 fr. 50 c. 0/0 l'an d'intérêt du prêt *effectif*,

1 fr. 83 c. 0/0 l'an d'amortissement,

____

4 fr. 33 c. 0/0 ;

2° D'ajouter, avant tout, par la nature même de cet Emprunt, 1,200 millions de francs en or et en argent aux 660 millions actuels *d'encaisse* de la Banque : en abolissant ainsi le cours forcé et l'éventualité de crises monétaires ;

3° De m'attribuer la propriété de mon système, s'il mérite d'être appliqué, et de m'en récompenser en me réservant d'en avoir la Concession, pour un temps déterminé : c'est-à-dire en m'accordant, pour unique privilége, le droit de faire adjuger tractativement cet Emprunt à un groupe financier, ou *Consortium*, m'accordant un bénéfice intermédiaire, *mais inclus dans le prix net de 4.33 0/0 fait en définitive à l'État.*

CONSIDÉRATIONS

Plus d'un motif justifie, Messieurs, mes prétentions :

Premièrement, c'est une condition que j'ai mise expressément à mes ouvertures au Ministère des Finances, où aucune contestation n'a d'ailleurs été élevée à cet égard. Mais il a été convenu, au contraire, que M. le Ministre et M. le Chef du Cabinet ne seraient maîtres des secrètes communications que je leur ferais de mon système, que dans la mesure nécessaire pour témoigner de sa valeur et pour convaincre le Gouvernement, l'Assemblée nationale et le pays d'accepter le Contrat préliminaire que je comptais leur demander.

En second lieu, il est juste de considérer que le mode des souscriptions publiques n'avait d'autre motif, d'autre avantage apparent, que celui de produire aux contribuables une économie sur les conditions précédentes des *traitants,* ou de *l'adjudication tractative*: mais le même principe ne doit-il pas assurer la préférence au *traitant* qui viendra à son tour faire un rabais indiscutable sur le meilleur marché obtenu par souscription publique ?

Aussi avais-je le droit et ai-je pris le soin de ne point laisser tomber le secret de mon opération dans le domaine public, avant qu'il soit bien constaté que nulle économie équivalente à mon offre ne saurait se produire : C'est donc là, Messieurs, ce que je vous demanderai la permission d'établir en première ligne devant vous, ou devant la Commission ou une Sous-Commission du budget, ou autre à laquelle vous voudrez bien m'adresser.

Il y a encore un autre intérêt d'ordre supérieur, pour l'État lui-même, à ce Contrat bilatéral. Car l'économie du prix de l'Emprunt n'est pas celle qu'offre le plus mon genre de convention. Quoique étant de 200 millions par an sur les prévisions de votre budget, cette réduction de dépenses n'est rien à côté d'une autre économie inventée par mon système et qui est l'économie d'une crise monétaire, commerciale et financière, ce qui dégénère souvent en crise politique : voilà les éventualités bien autrement menaçantes et redoutables auxquelles mes combinaisons financières obvient.

Ce système financier répond à une triple préoccupation :

Celle d'opérer sur les dépenses du budget une réduction annuelle de 200 millions de francs;

Celle d'éviter une crise menaçante en avisant, sans périls, à l'exportation de la rançon d'or nécessaire à la libération du territoire — cet objet douloureux de votre plus ardente sollicitude ;

Celle d'être éloigné néanmoins, et *en principale analyse*, de ces illusions généreuses qui font un mirage de ressources à des conditions séduisantes pour l'emprunteur, mais par-là même manquant généralement de prêteurs.

En effet, Messieurs, je ne suis point, je vous prie de le croire, un théoricien nourri d'utopie. Je suis d'une profession compétente, agent de change titulaire ou associé depuis vingt ans; je suis le fils d'un ancien intéressé d'une des plus grandes maisons de commission de Marseille : d'où j'ai appris, dès un premier stage, toutes les questions de banque et de *change international*.

Enfin, j'ai pour caractère d'être un négociateur d'organisations de Sociétés et d'emprunts qui se sont traduites, en fait matériel, par l'apport de bailleurs de fonds de 50 millions d'Actions ou Obligations en quelques affaires (dont je tiens les preuves à votre disposition). J'ai d'abord été amené ainsi à quelque science des combinaisons algébriques d'annuité, d'amortissement et de primes de tirages, *et c'est par la découverte d'une formule entièrement neuve en ce genre, mais facile à vérifier, que je fonde essentiellement mon système.*

Mon genre d'amortissement renverse d'abord les données algébriques, et en voici un indice. On sait que, plus est fort l'intérêt du capital à amortir, plus l'amortissement va vite par la progression des intérêts des intérêts. *Cela n'est plus dans mon système : l'amortissement d'un capital placé à 1 0/0 l'an va aussi vite que celui d'un capital placé à 5 0/0.* — Je demande des experts.

En second lieu, cet amortissement abolit l'inconvénient de perdre des intérêts égaux à ceux éteints. *Il rembourse par bénéfices à nouveau.* — Je le prouverai aussi, et je m'explique :

L'amortissement, tel qu'on l'a conçu, n'est qu'un leurre : pourquoi, endetté de 10 milliards, voudrait-on amortir en 35 ans, par exemple? — parce qu'on trouve lourds 500 millions d'intérêt à

5 0/0. — Et en y ajoutant 110 millions d'amortissement, en sera-t-on plus léger? Or, voilà quelle fut la belle découverte du docteur Price et de Williams Pitt!

De plus l'amortissement n'en est pas un, d'habitude.

Un pays doit 10 milliards : il prélève 500 millions d'impôts. Supposons qu'il prélève le capital de 10 milliards qui rendaient les 500 millions d'intérêts payant l'impôt : Il n'y aura plus 500 millions enlevés par l'impôt, mais ils le seront par l'intérêt perdu par la partie du pays à qui on aura pris les 10 milliards. Alors, pour qui réfléchit, il y a un préjugé, une puérilité de moins : c'est l'erreur d'amortir par des contributions faisant perdre, d'une part, les sommes qu'elles économisent de l'autre.

Il n'y a donc, pour les peuples, pas d'autre moyen d'amortir que pour un particulier ; c'est de rembourser ses dettes non point avec ses revenus, *mais avec des bénéfices à nouveau.* Sans quoi, vous n'avez plus vos dettes, mais vous n'avez plus vos revenus. La perte est faite la même chose. C'est ce que je prétends éviter.

Mais il est particulièrement une autre espèce d'expérience plus probante que j'ai acquise, j'ose le croire, au contact, au frottement de ces réalités quotidiennes, dans cette lutte incessante des affaires où ma Cité déploie une certaine supériorité. A telle école j'ai dû nécessairement perdre, si jamais j'ai pu l'avoir, l'illusion de trouver l'*argent* autrement qu'à son gré. Dans toute affaire, mon premier mot c'est : Où est et comment viendra l'*argent ?*

C'est pourquoi, je l'avoue, sans avoir le mauvais goût de critiquer aucune des autres combinaisons qui apportent une aide louable à de patriotiques nécessités, j'ai cru que mes projets seraient d'autant plus utiles qu'ils auraient fait une plus large part à l'*argent*, aux Capitaux ; que ces projets démontreraient plus aisément par cela même la certitude de leur réalisation *pratique.* C'est triste à dire, mais c'est l'observation de chaque jour, je ne crois à l'apport de *l'argent,* du moins en d'aussi grandes proportions, que par le sentiment d'un bénéfice rémunérateur. Je redoute qu'il n'y ait une pierre d'achoppement dans le calcul d'effectuer, par la séduction indéniable de la *loterie,* 4 milliards qui ne coûteraient que 8 milliards à rendre en 60 ans, au lieu de 22 milliards par les voies ordinaires. Car, je me demande si le monde des prêteurs ne se dira pas que, puisque l'État *gagnerait* les 14 milliards de différence, par rapport à ce que lui coûteraient les conditions courantes, ce serait lui, monde des prêteurs, qui *perdrait* ces 14 milliards. Je crains alors que quiconque serait invité à placer de la sorte 300 francs en 3 Obligations de 100 francs remboursables, sans intérêt, par 600 francs au tirage au sort, ne se dise que les mêmes 300 francs placés en Obligations de chemins de fer *rendent 45 francs d'intérêt et se remboursent aussi par 500 francs au tirage.* Je ne nie nullement qu'il y ait preneurs, mais pour quel chiffre ?

Enfin, Messieurs, j'ai cru devoir prendre le contre-pied des combinaisons fondées avec plus ou moins de chances sur un sentiment quelconque, loterie, intérêt général, générosité, patriotisme, etc. J'ai été assez animé de ces sentiments, je l'espère, pour rechercher avec une ardeur extrême le résultat solide qu'ils souhaitent, mais ne donnent pas, et l'ayant trouvé, je pense avoir assez fait. Mais, je le déclare, je me présente en TRAITANT ET REPRÉSENTANT DE TRAITANTS qui offre un troc et un échange — donnant — donnant. Nous ne nous cacherons aucunement de vouloir gagner et faire gagner avec nous le public qui prêtera, pourvu que le public contribuable, qui est l'emprunteur réel, gagne, en somme, encore plus.

PROMESSES DU SYSTÈME.

Voilà par quelle suite d'idées je me présente inopinément devant l'Assemblée nationale, demandant à prouver :

Que, pour résoudre à la fois nos difficultés financières, il ne faut ni l'emprunt ni le billet de banque tels qu'on les a conçus jusqu'ici, ni le papier-monnaie, ni les comptes courants à intérêt à la Banque de France, ni la loterie, ni la contribution volontaire, ni la mise des chemins de fer français au mont-de-piété prussien, ni excès d'impôt ;

Que nous pourrons très-bien payer en or toute la rançon libératrice du sol national, en conjurant les fluctuations désastreuses du *change* ;

Que je me fais fort de réaliser 3 milliards 700 millions de ressources *effectives* ne coûtant que 2 1/2 0/0 l'an d'intérêt et amortissables en 35 ans, avec l'addition de 1.83 0/0 l'an, qui correspond à l'annuité de 4.33 0/0 servant à amortir 100 francs empruntés audit taux de 2 1/2 0/0 ;

Que les premiers 1,200 millions à valoir sur les ressources ci-dessus seront fournis en or et argent ;

Que mes bailleurs de fonds auront la double satisfaction de rendre les services qui précèdent et de faire des opérations extrêmement lucratives, d'acquérir l'équivalent d'un 5 0/0 de l'État à 80 francs et amortissable à 100 francs en 25 années ;

Que, de plus, entre la satisfaction réciproque de ces deux parties contradictoires, le groupe financier que je représente réalisera un bénéfice spécial et considérable, en opérant une série de combinaisons de banque destinées à supprimer les terribles éventualités d'une crise financière telle qu'on ose à peine l'envisager ;

Que la Banque de France aura, pour se consoler de la rupture de son union peu légitime, mais très-fructueuse avec l'État, l'honneur et les avantages de reprendre le paiement de ses billets en espèces ; de ne jamais plus y manquer ; de revoir un étiage d'encaisse métallique égal et même supérieur à celui de ses plus beaux jours ; d'être constamment soutenue, pour le maintenir, par une société dont personne n'a encore eu l'idée, sans avoir aucune concurrence de sa part ; de recevoir, enfin, des combinaisons financières substituées au papier-monnaie, une sorte d'indemnité ou de fermage qui ne peut s'évaluer à moins de 100 francs de dividende extraordinaire pour chacune des 182,500 Actions actuelles de la Banque de France, fermage prolongé durant 35 années ;

Que des mesures et une doctrine nouvelles auront pour effet d'abolir en France les maux du *change international* ; de régulariser un courant d'exportation et de réimportation du numéraire métallique qui maintienne la convertibilité constante des billets de la Banque de France en espèces au pair ; de permettre l'extension des escomptes de la Banque de France au commerce, sans avoir besoin de recourir désormais à l'élévation désastreuse du taux de l'escompte, pour défendre des encaisses désormais protégés par des moyens bien autrement efficaces ;

Que, si des faits paraissent en contradiction, au point d'être absurdes, dans mes données, — tels que faire payer 2/12 à l'emprunteur et donner du 5 0/0 à 80 francs avec remboursement à 100 au prêteur, une démonstration mathématique y répondra victorieusement ;

Que je suis prêt à justifier des capitaux voulus.

Telles sont les considérations que j'ambitionne instamment de développer, soit devant le Gouvernement, soit devant une Commission officielle de l'Assemblée nationale, soit devant des réunions officieuses de ses divers groupes politiques qui voudraient bien m'honorer de la permission de fournir des explications plus complètes.

DEMANDE DE CONCESSION DE L'EMPRUNT.

Messieurs,

Je prends la liberté de traiter *une affaire* directement avec l'Assemblée nationale. J'ai l'espoir de faire généralement approuver une conduite aussi simple. Mon habitude est d'aller droit au but. Cette méthode m'a trop souvent réussi pour l'oublier, surtout lorsque l'intérêt du pays est en jeu.

Permettez-moi de poser avec vous la question comme j'ai eu l'honneur de le faire avec M. le Préfet de la Seine, avec le Ministère des Finances et M. le Président de la République, c'est-à-dire de la mettre sur le pied d'un Contrat préliminaire, savoir :

Si je réalise chacune des promesses de mon programme : si je prouve que la conciliation de tant d'intérêts contradictoires et que la totalité de tels résultats dérivent de vérités extrêmement simples et que j'ai découvert pourtant la « *fée usurière* » que M. Thiers appelait naguère à son secours ; si j'établis que, plus mon système est terre-à-terre ou en harmonie avec les éléments les plus répandus, les plus compréhensibles et les plus expérimentés, et plus il était difficile de le combiner d'une façon neuve ; si je démontre tout cela, Messieurs les Députés, voulez-vous bien accepter d'avance une Convention : c'est que nous stipulions d'abord ce que cela vaut ?

Or, mon évaluation personnelle, la stipulation de mon prix, vous la connaissez déjà, par l'article 3 de mes propositions : c'est que vous veuilliez bien me réserver la Concession provisoire de l'Emprunt, pour un temps, *facile à fixer*.

Tels sont le but, le mobile et la *légitimité* de la présente pétition, et c'est une des principales conclusions auxquelles je sollicite l'Assemblée nationale et le Gouvernement d'accorder une réponse.

JUSTIFICATION DE LA CONCESSION.

Donc, c'est précisément afin de réaliser les diverses innovations qui précèdent qu'un Marché doit nécessairement préexister entre l'État et un syndicat de banquiers, ou un consortium que j'ai organisé dans des conditions toutes particulières et auquel l'État doit confier tout le soin de l'opération, sous peine de provoquer la hausse même de l'or qu'il est question d'éviter. Car, tout dépend de la façon d'appliquer mon système : livré au hasard de la souscription publique, il amènerait infailliblement une prime désordonnée des métaux précieux; régularisé par une centralisation spéciale, il doit prévenir à jamais le *change*, l'*agio* ou la *prime de l'or*.

Il y a effectivement là, Messieurs, une des données importantes de mon système :

Opérer une révolution complète dans l'ordre monétaire, modifier favorablement et sans secousse la puissance et les bons effets de la Banque de France, sans changer absolument rien à ses statuts, à ses proportions et à son fonctionnement; ne créer aucune obligation nouvelle pour elle, que de faire de sa charte une vérité en payant constamment à l'avenir ses billets en or, à vue et porteur; lui apporter toute faite à cet effet, et comme un levier d'Archimède, une force immense et jusque-là inconnue; ne lui offrir aucune peine, mais seulement un surcroît de dividende extraordinaire de cent francs par action, durant trente-cinq ans : voilà l'une des faces de la solution de mon problème.

Car, non-seulement l'exorde et la base de mon opération sont de faire rentrer 1,200 millions de francs métalliques à la Banque de France, mais le principe essentiel de ce fait est d'une bièn autre portée. Il est de faire de cet amoncellement de métaux précieux la propriété pleine et entière de la Banque ; il est d'inaugurer un *encaisse* digne de ce nom et non plus un de ces encaisses fictifs et illusoires que les Banques ont la mauvaise habitude de créer par la voie précaire des dépôts et comptes courants.

Si mon principe est adopté, un apport de numéraire d'un genre *absolument nouveau* sera fait à la Banque, et cela équivaudra pour elle à un *Capital-Encaisse-métallique*. Ce sera infiniment mieux et plus avantageux pour elle qu'un Capital. Le sien ne sera pas augmenté d'un centime. Où serait donc l'invention, la nouveauté, dans un dédoublement du Capital ? Ces 1,200 millions, fruits de l'Emprunt, lui seront remis à valoir sur la dette de l'État : mais à des conditions constituant encore des idées neuves.

Mais cette condition de convertibilité constante des billets de banque en espèces, au pair, viendra satisfaire et rassurer, d'un autre côté, un immense intérêt, celui des transactions commerciales, tremblantes devant les terribles menaces du *change*.

Voilà donc, Messieurs, qu'intervient, à l'appui de la nécessité de mon contrat, un autre genre de considération qui, j'ai l'honneur de vous en prévenir, s'élèvera en ma faveur avec une grande énergie. Cet intérêt commercial, j'en ai fait mon allié : je suis autorisé à vous le dire, Messieurs, non pas seulement d'après mes propres lumières, mais d'après celles les plus estimées du commerce marseillais, qui ont été frappées d'un résultat capital : l'abolition du *change*.

Enfin, les seules objections qu'on puisse encore croire possibles, et qui viendraient du public habitué à souscrire librement et diréctement aux emprunts, ces objections mêmes seraient injustes contre le privilége des traitants ; parce qu'il faudrait savoir si aucune part n'est faite au public. Or, cette part me paraît équitablement réservée, dans mes combinaisons. Tout bénéfice fait, les traitants peuvent donner à leur tour, en souscription publique, la signature de l'État en obligations à l'exacte parité du dernier emprunt de deux milliards. Oui, Messieurs, voilà encore une des étranges assertions de ma *solution;* mais c'est l'exacte vérité. Le public pourra tenir du CONSORTIUM du papier direct de l'État aux conditions équivalentes à du cinq pour cent à quatre-vingts francs et remboursable à cent francs, par tirage au sort en 35 ans. C'est un avantage de plus que dans le dernier emprunt qui n'est pas amorti au pair. Le public, dans la nouvelle affaire, gagnerait cet amortissement de plus, assuré en 35 ans. Voilà à quelle parité le CONSORTIUM, après un large bénéfice pour lui, pourra rétrocéder l'Emprunt dont le monopole sera reservé à ce syndicat privilégié.

D'ailleurs, le CONSORTIUM ne vise — *et il ne gagnera* — qu'à parer à une nécessité douloureuse à laquelle aucun système, à mes yeux, ne s'est occupé d'obvier, et qui est cette exportation d'or inouïe en laquelle doit se solder, en fin de compte, la libération du sol. LES TRAITANTS n'interviennent que pour combler cette lacune et non point en parasites, mais pour assurer à leurs risques et périls *un pareil effort.*

Leur rôle, c'est ce qu'on appelle en art médical le remède héroïque, le spécifique, sans lequel toute maladie est incurable. En conciliant tant d'avantages pour les autres intérêts, n'est-il pas permis aux traitants d'en faire un privilège? Or, le CONSORTIUM, je le répète, est la clé de voûte de l'édifice, et quant à son bénéfice, il n'y aura rien de ténébreux, il ne sera que dans la limite vérifiée au grand jour, et ratifiée par l'Assemblée Nationale. Ce bénéfice sera largement mérité, comme la CONCESSION, par les services rendus.

CONCLUSIONS.

Il m'a été promis que, dès que le Ministère des Finances aurait pu juger de la valeur du secret confié à sa bonne foi, il en témoignerait et se prononcerait sur la rationalité de ma demande en CONCESSION : je viens donc respectueusement réclamer, vis-à-vis de vous, l'exécution de cette promesse, et recourir à votre bienveillante solution.

Je ne puis voir qui me refuserait cette CONCESSION. Jamais on n'a vu chacun des intérêts contractants aussi particulièrement satisfait en une AFFAIRE. Le pays y gagne toutes les pertes d'une crise monétaire qu'il ne fera plus, 200 millions d'économie par an, plus 3,700 millions amortis en 35 ans et la libération du sol ; la Banque y gagne la repossession de son honneur et 100 francs de dividende par action pendant 35 ans. Le public y gagne la somme de sacrifices forcés ou volontaires qu'il n'aura plus à faire, et il est appelé à profiter d'un placement égal à du 5 0/0 à 80 francs remboursables à 100. Je ne parle parle pas des gains du CONSORTIUM de qui je tiendrai directement ma rémunération ; car ce n'est pas à lui à me la marchander.

Ainsi, je crois m'être suffisant placé en contractant auquel *chacune des parties* en particulier aurait équitablement à donner la part que je demande : *chacune* devant la trouver minime par rapport à ses avantages. Donc, *toutes ces parties réunies* peuvent encore moins me la refuser.

En somme, est-ce bien moi qui serai le privilégié en tout ceci ? Je ne le pense pas et je crois, Messieurs, que vous ne le penserez pas non plus.

Je n'estime pas que le jugement exclusif du Ministère des Finances doive suffire à décider de tels projets, que ses seules forces et sa seule infaillibilité doivent présider à une si grave délibération — toute question de bonne foi ou de bonne volonté mise à part

C'est là, Messieurs, ce qui me conduit à vous faire des propositions dont je me lasse d'offrir inutilement l'initiative au Ministère. Elles comportent d'ailleurs une Décision, une Réponse et un Contrat dont la ratification dernière vous appartenait dans tous les cas. Je prends donc la liberté de demander directement à l'Assemblée nationale *qu'il lui plaise de délibérer sur cette affaire et de la prendre en considération.*

En même temps, permettez-moi de solliciter la discussion complète de mes demandes, de mes offres et de mon système, devant des Commissions de l'Assemblée Nationale, notamment celle du budget, devant MM. les Ministres et devant M. le Président de la République.

Je suis avec un profond respect,

Messieurs,

Votre très-humble et très-obéissant serviteur,

Eugène **THERYC DU CHATELLARD,**

Ancien Agent de Change à Marseille,

Grand-Hôtel, à Paris,

Paris, le 16 mars 1872.

NOTA. — Cette première partie sera bientôt suivie d'une discussion sur la crise financière et sur les dangers de tous les expédients, principalement des Emprunts.

IMPRIMERIE CENTRALE DES CHEMINS DE FER.— A. CHAIX ET Cⁱᵉ, RUE BERGÈRE, 20, A PARIS. — 3204-2.